THÉATRE DU PALAIS-ROYAL.

CROQUIGNOLE,

COMÉDIE-VAUDEVILLE EN UN ACTE,

Par MM. VARIN et BOURGET,

Représentee pour la première fois à Paris, sur le théâtre du PALAIS-ROYAL, le 19 Mai 1847.

Prix : 50 centimes.

PARIS,

BECK, EDITEUR,

RUE GIT-LE-CŒUR, 12.

TRESSE, successeur de J.-N. BARBA, Palais-Royal.

1847.

CROQUIGNOLE,

COMÉDIE-VAUDEVILLE EN UN ACTE,

PAR MM. VARIN ET BOURGET.

Représentée pour la première fois, à Paris, sur le théâtre du PALAIS-ROYAL, le 19 Mai 1847.

PERSONNAGES.	ACTEURS.
TIBURCE, dit CROQUIGNOLE, sous le nom de Gimblette............	MM. LEVASSOR.
TARBOCHET, secrétaire du Maire............................	KALEKAIRE.
FAROUCHOT, receveur des contributions.........................	LHÉRITIER.
MADAME JOLIVAR..	Mme LECOMTE.
EUPHRASIE, sa nièce..................................	Mlle DURAND.
FRANÇOIS, garçon de café..............................	M. AUGUSTIN.
UN PORTE-FAIX..	
CHŒUR D'HOMMES ET DE FEMMES..............................	

La scène est à Issoudun.

L'intérieur d'un café. — Au fond, portes et fenêtres vitrées, donnant sur la rue. — A droite et à gauche des tables, des banquettes et des tabourets. — A gauche, premier plan, le comptoir ; au troisième plan, la porte d'une chambre. — A droite, premier plan, une porte au-dessus de laquelle on lit : LABORATOIRE.

SCÈNE PREMIÈRE.

MADAME JOLIVAR, FRANÇOIS, *couché sur une banquette à droite* *.

MADAME JOLIVAR, *entrant et appelant.*

Francois ! François !

FRANÇOIS, *s'éveillant.*

Voilà ! (*il bâille.*) Qu'est-ce qu'il faut servir ?

MADAME JOLIVAR.

Rien !

FRANÇOIS.

Comme à l'ordinaire.

MADAME JOLIVAR.

Paresseux !.. avez-vous accroché l'écriteau que je vous avais dit de mettre à la porte.

FRANÇOIS.

Oui, bourgeoise. (*Café à vendre ou à louer.*) Si j'avais le moyen de m'établir, je sais bien ce que je ferais... j'en achèterais un autre.

MADAME JOLIVAR.

Mêlez-vous de vos affaires !

FRANÇOIS.

Mes affaires, c'est de dormir ; je n'en ai pas d'autres.

(*Il se couche sur sa banquette.*)

* Mad. J, F,

SCÈNE II.

LES MÊMES, EUPHRASIE *.

EUPHRASIE, *entrant.*

Ma tante ! ma tante !.. voulez-vous permettre...

MADAME JOLIVAR.

Que venez-vous chercher ici, mademoiselle ?

EUPHRASIE.

Dam ! ma tante, je m'ennuie, là-haut, toute seule !

MADAME JOLIVAR.

Remontez tout de suite ! une jeune fille ne doit pas venir ainsi dans un lieu public !

EUPHRASIE.

Mais, il n'y a jamais de public dans le café.

MADAME JOLIVAR.

Ne raisonnez pas !

EUPHRASIE.

Tenez, ma tante, si vous me mettiez au comptoir, ça attirerait peut-être des amateurs.

MADAME JOLIVAR.

Tu te crois donc bien séduisante ?.. mais moi, ma chère, j'y suis toute la journée au comptoir, et personne ne vient !

* Mad. J, E, F.

1847

EUPHRASIE.

Alors, vous ne risquez rien de me laisser libre.

MADAME JOLIVAR.

Si tu veux être libre, marie-toi !

EUPHRASIE.

Avec qui ?.. avec mon cousin Tarbochet, secrétaire de la mairie ?

MADAME JOLIVAR.

C'est une autorité !

EUPHRASIE.

Il n'en sera jamais une dans mon ménage !

MADAME JOLIVAR.

Ou bien avec ton autre cousin Farouchot, le receveur des impositions... c'est un homme bien posé.

EUPHRASIE.

Il est trop posé pour moi !

MADAME JOLIVAR.

Ah ! je sais bien ce que tu voudrais !

EUPHRASIE.

Eh ! bien oui, là... c'est Tiburce que j'aime !.. Il est mon cousin aussi !.. et je n'épouserai que lui seul !

MADAME JOLIVAR.

Mais, petite sotte, ce Tiburce est un drôle qui s'est fait escamoteur, sauteur, bateleur... que sais-je, moi ! et qui court le monde sous le nom de Croquignole !

EUPHRASIE.

Il est parti parce qu'on ne l'aimait pas dans sa famille... tout le monde le rebutait... mais je suis sûre qu'il s'est distingué dans son état !

MADAME JOLIVAR.

Distingué ! lui ! un paillasse !.. un gueux qui n'a rien !

EUPHRASIE.

Oh ! ma tante !.. mais je ne méprise pas les gueux !.. on peut être très aimable et mal habillé !

Air : *En vérité, je vous le dis* :

La vertu n'a pas de manteau,
La vérité va toute nue,
Et l'amour, en grande tenue,
Pour vêtement n'a qu'un bandeau !
Ils ne brill'nt pas par l'opulence,
Mais on les aim' malgré cela,
Et je s'rais fièr' d'mon indigence
Si je r'ssemblais à ces gueux-là !

Et si vous saviez comme mon cousin Tiburce a des qualités !..

MADAME JOLIVAR.

Je ne veux pas le savoir !

EUPHRASIE.

Si vous l'aviez vu seulement !

MADAME JOLIVAR.

Je ne l'ai pas vu, et j'espère bien ne jamais le voir !

EUPHRASIE.

Mais moi, j'ai juré de lui être fidèle, et je lui ai écrit dernièrement les contrariétés que j'éprouve à son sujet.

MADAME JOLIVAR.

Tu lui as écrit ?.. et qui est-ce qui a mis la lettre à la poste ?

EUPHRASIE.

C'est François !

MADAME JOLIVAR, *étonnée.*

François !

FRANÇOIS, *se réveillant.*

Voilà ! Qu'est-ce qu'il faut servir ?

MADAME JOLIVAR.

Rien ! imbécile !

FRANÇOIS.

Comme à l'ordinaire. (*Il se recouche.*)

MADAME JOLIVAR.

Ah ! tu lui as écrit ? mais, petite malheureuse, apprends donc puisqu'il faut te le dire...

EUPHRASIE.

Non, ma tante,.. tout ce que vous me diriez ou rien...

MADAME JOLIVAR.

Tu me braves !.. tu veux m'exaspérer !..

EUPHRASIE.

Ça m'est égal !

MADAME JOLIVAR.

Si je ne me retenais !.. (*Elle lève la main sur Euphrasie.*)

FAROUCHOT, *dans la coulisse.*

Ah ! ah ! ah !..

SCÈNE III.

LES MÊMES, TARBOCHET, FAROUCHOT [*].

MADAME JOLIVAR.

Qu'est-ce qui peut rire bêtement comme ça ?

FAROUCHOT, *entrant en riant.*

Ah ! ah ! ah ! quelle bonne farce !

TARBOCHET, *pleurant.*

C'est fort triste !

MADAME JOLIVAR.

Ah ! c'est vous, cousin ! vous arrivez à propos !

TARBOCHET.

Hélas ! (*Il s'essuie les yeux.*)

FAROUCHOT, *riant.*

Ah ! ah ! ah !..

MADAME JOLIVAR.

L'un rit, l'autre pleure... expliquez-vous !

FAROUCHOT.

Il s'agit de notre aimable cousin Tiburce dit Croquignole.

[*] Mad. J, T, E, F.

EUPHRASIE.

Mon cousin Tiburce?.. vous savez quelque chose qui le concerne.

TARBOCHET.

Oui... un accident désagréable !

FAROUCHOT.

Une plaisanterie délicieuse !

TARBOCHET.

Ne riez donc pas, Farouchot ! c'est indécent !

FAROUCHOT.

Vous n'êtes qu'un hypocrite, Tarbochet !

EUPHRASIE.

Mais achevez donc !

FAROUCHOT.

Parbleu !.. il est inutile d'aller par quatre chemins !.. Il est mort !

EUPHRASIE ET JOLIVAR.

Mort !

TARBOCHET, *pleurant.*

Et enterré !

FAROUCHOT, *riant.*

Comme M. Malbrough !

EUPHRASIE.

Ça n'est pas vrai !.. c'est impossible !

TARBOCHET.

Nous en avons la déplorable preuve dans cette lettre.

MADAME JOLIVAR.

De lui ?

TARBOCHET.

Non ! de son exécuteur testamentaire !

FAROUCHOT.

C'est authentique !

EUPHRASIE.

Et vous vous réjouissez de sa mort ?

TARBOCHET.

Pas moi !

FAROUCHOT.

Dam ! nous ne le connaissons pas, ce cousin... c'est un étranger pour nous.... d'ailleurs, il était notre rival,.. nous en voilà débarrassés, et nous rendons grâce à la nature !

EUPHRASIE.

Allez, vous êtes de mauvais cœurs, de mauvais parents, et je vous déteste encore davantage, si ça se peut !

MADAME JOLIVAR.

Ma nièce !

FAROUCHOT.

Vous ne savez pas tout, et quand vous connaîtrez le testament...

EUPHRASIE.

Ça ne me regarde pas.... et, puisqu'il est mort, je ne veux plus vous voir, je ne veux voir personne !

MADAME JOLIVAR.

Mais écoute-moi donc !

EUPHRASIE, *exaspérée.*

Non, ma tante..... je vais me retirer dans une solitude !

ENSEMBLE,

Air : *Moi, vous céder la place.*

EUPHRASIE.

Il faut que je me livre
A tout mon désespoir !
Comment pourrais-je vivre
Ne pouvant plus le voir !
N'ayez pas l'espérance
De calmer mes regrets,
Je fuis votre présence,
Car, tous deux je vous hais !

LES TROIS AUTRES.

Il faut qu'elle se livre
A tout son désespoir !
Mais elle pourra vivre
Même sans le revoir !
Nous avons l'espérance
De calmer ses regrets :
Après six mois d'absence
On oublie à jamais !

(Euphrasie sort à gauche.)

SCENE IV.[1]

TARBOCHET, MADAME JOLIVAR, FAROUCHOT[2].

MADAME JOLIVAR.

Elle dit qu'elle mourra..... mais elle ne le fera pas, elle aime trop la danse.

TARBOCHET.

D'autant plus qu'à présent notre fortune est doublée.

FAROUCHOT.

Ce Croquignole était un garçon charmant !

MADAME JOLIVAR.

Vous faites son éloge ?

FAROUCHOT.

Ecoutez la lettre que nous avons reçue collectivement.

TARBOCHET.

Voici !..... (*Lisant.*) « Messieurs, le sieur Croquignole, mon collègue, qui remplissait l'emploi de premier paillasse, avec tant d'esprit et de cœur, étant venu à décéder au moment de la foire... » (*Pleurant.*) Quel moment pour trépasser ! (*Lisant.*) « M'a choisi pour exécuteur testamentaire. Je passerai par Issoudun, je vous remettrai moi-même le testament, et vous en ferai connaître les clauses particulières, qui sont assez folâtres ! » (*Riant.*) Eh ! eh ! eh !

[1] T, Mad. J, E, F.
[2] T, Mad. J, F.

FAROUCHOT.

Ah! voilà Tarbochet qui se décide à rire!

TARBOCHET.

C'est un oubli! (*Lisant.*) « Sur ce, je suis, en « attendant le plaisir de votre connaissance, vo- « tre facétieux serviteur, Gimblette, ami et suc- « cesseur de Croquignole. »

MADAME JOLIVAR.

Gimblette! Croquignole! Ils ont des noms à croquer!

TARBOCHET.

Ma chère madame Jolivar, ne manquez pas d'apprendre à votre nièce, le surcroît d'opulence qui nous tombe des nues!

FAROUCHOT.

Excellent Croquignole!

Air: *du Tra la la.*

Il paraît qu'il a fait un testament
Charmant!

TARBOCHET.

Nous devons estimer ce testateur
Sauteur!

FAROUCHOT.

Pour vanter les vertus de ce paillasse-là...

TARBOCHET.

Je veux faire un discours que l'on applaudira!

FAROUCHOT.

Sur l'air du tra la la...

TARBOCHET.

Sur l'air du tra la la ..

MADAME JOLIVAR.

Sur l'air du traderi dera la la!

TOUS TROIS.

Sur l'air du tra la la, etc.

(*Les deux hommes sortent par le fond.*)

SCÈNE V.

MADAME JOLIVAR, FRANÇOIS, *endormi*, *puis* TIBURCE, *dit* CROQUIGNOLE, *sous le nom de* GIMBLETTE.

MADAME JOLIVAR.

Il faut absolument que je décide ma nièce à épouser l'un de ces deux grigous... c'est ma seule ressource... et puisque son cousin Tiburce n'est plus de ce monde...

GIMBLETTE, *entrant.*

Air: *de la royale Polka.*

Je n'ai point de patrie
Et ne possède rien!
Partout je promène ma vie,
Vrai bohémien!
Mon seul pays, oui, j'en convien,
C'est le pays où je suis bien!
J'suis bateleur!
Ici bas, d'ailleurs, qui n'est donc pas acteur,
Tragiqu', sauteur.
Le monde est une comédie
Levez l'rideau
Et vous verrez, se drapant dans son manteau,
Chacun offrant sur son tréteau
Un nouveau
Tableau!
Je n'ai point de patrie, etc.

Madame, je desirerais...

MADAME JOLIVAR.

Je n'ai pas le temps... demandez au garçon. (*Elle sort.*)

GIMBLETTE.

Au garçon?... je n'en vois pas!.. (*Allant à la porte du fond.*) Entrez toujours, porte-faix!.. (*Un porte-faix entre et dépose plusieurs paquets sur une table. Gimblette, frappant sur la table.*) Garçon!

FRANÇOIS, *s'éveillant.*

Voilà!... qu'est-ce qu'il faut servir? *

GIMBLETTE, *à part.*

Tiens! il dormait! (*Haut.*) Un journal!

FRANÇOIS.

Lequel, Monsieur?

GIMBLETTE.

Celui que tu voudras.

FRANÇOIS.

Nous n'en avons aucun!

GIMBLETTE.

Qu'est-ce que vous avez donc dans ce café?

FRANÇOIS.

Nous avons tout ce qu'on désire!

GIMBLETTE.

En ce cas-là, je désire être seul, sers-moi tout de suite!

FRANÇOIS, *à part.*

Je me défie de ce particulier!.. Il ne prend rien, mais il pourrait prendre quelque chose... allons prévenir la bourgeoise!

GIMBLETTE.

Es-tu parti?

FRANÇOIS.

Vous voyez bien! (*Il sort à gauche.*)

SCENE VI.

GIMBLETTE, *seul.*

C'est ici qu'elle respire!.. c'est dans ce désert, intitulé café de Momus, que végète l'objet de mon idolâtrie!.. et je viens à son secours, sur l'aile des amours!... Oui, mon Euphrasie, il est près de toi, ton Tiburce... car je suis Tiburce, dit Croquinole, artiste nomade, et présentement décoré du surnom de Gimblette!... je ne dis pas ça pour moi, qui me connais parfaitement; mais pour ceux qui auraient besoin d'en être instruits!.. ils me

* G, F.

croient tous défunt!... Exploitons cette erreur grossière!... L'amour, la haine, la jalousie, la vengeance!.. j'ai, dans le cœur, une demi-douzaine de passions qui grimpent les unes sur les autres!.. et avec ça, pas le sou dans ma poche!.. Or, comment satisfaire ses passions, quand on n'a pas le sou?... ceci est le secret des génies supérieurs!... c'est le mien!... pardon de ma franchise!... soyons fallacieux! renversons les obstacles, et payons d'audace, puisque je n'ai pas d'autres monnaie.

AIR: *Fortune en ce monde.* (Rendez vous bourgeois.)

Fortune ennemie,
Femelle sans cœur,
Je n'ai de ma vie,
Connu ta faveur!
Je n'ai point connu ta faveur!
Femelle sans cœur, etc.

Je fais des folies,
J'ai peu de vertu,
A quoi penses-tu,
Lorsque tu m'oublies?
Si c'est mon esprit
Qui te rend contraire,
Je veux me défaire
De ce gagn' petit.
Mais, c'est difficile,
Quand on est sans biens,
Il faut des moyens
Pour être imbécile!
Fortune ennemie, etc.

(*Coda.*)
Oui, garde ta faveur;
Tu n'es qu'une sans-cœur!
Tu n'es, ma foi, qu'une sans-cœur,
Et je renonce à ta faveur!
Au diable ta faveur!

Revoici la maîtresse de céans!.. ce doit être la Jolivar... attention!

SCENE VII.

GIMBLETTE, MADAME JOLIVAR, FRANÇOIS [1].

MADAME JOLIVAR, *bas à François.*

Suivez-moi, François, ne me laissez pas seule!.. (*A Gimblette, haut.*) Monsieur, à quel propos vous installez-vous dans mon établissement?.. je vous somme de déduire vos intentions.

GIMBLETTE.

N'est-ce point la célèbre madame Jolivar, que j'ai le bonheur d'avoir devant le regard?

MADAME JOLIVAR.

Je suis la célèbre que vous dites, mais cela ne me dit pas...

[1] F, Mad. J, G.

GIMBLETTE.

Madame, l'existence est une série d'évènements dont la rapidité affecte plus ou moins vivement le tissu cellulaire. Le nom de Gimblette n'a-t-il jamais frappé votre ouïe?

MADAME JOLIVAR.

Gimblette?... vous seriez Gimblette?

GIMBLETTE.

Moi-même!

MADAME JOLIVAR.

L'ami de feu Croquignole?

GIMBLETTE.

Son intime! son inséparable!.. et de plus son exécuteur testamentaire.

MADAME JOLIVAR.

J'étais prévenue de votre arrivée par nos parents, Tarbochet et Farouchot... (*A François.*) François!..

FRANÇOIS.

Voilà! qu'est-ce qu'il faut servir!

MADAME JOLIVAR.

Allez avertir ces messieurs que l'honorable M. Gimblette est descendu chez moi!

GIMBLETTE.

Allez, François!

FRANÇOIS, *à part.*

Me v'la commissionnaire, à présent. (*Il sort au fond*).

SCÈNE VIII.

MADAME JOLIVAR, GIMBLETTE.

MADAME JOLIVAR.

Ah! monsieur Gimblette, parlez-moi un peu de cet estimable Croquignole.

GIMBLETTE.

Hélas! madame, il a versé plus d'une fois ses chagrins dans mon gilet... c'est son amour pour Euphrasie qui l'a calciné!

MADAME JOLIVAR.

Dam! je le croyais pauvre... si j'avais su qu'on pouvait faire fortune dans les paillasses...

GIMBLETTE.

Vous en doutiez, femme incrédule et sceptique?

MADAME JOLIVAR.

Si j'avais su cela, je lui aurais donné Euphrasie.

GIMBLETTE.

Vrai?... J'enregistre cette déclaration.

MADAME JOLIVAR.

Il est trop tard!... et maintenant, il faut que je sacrifie ma nièce!... car ce café ne me rapporte rien,.. il est maudit!

GIMBLETTE.

Peut-être!

[1] Mad, J, G.

MADAME JOLIVAR.

Je dois de l'argent aux deux cousins, et si Euphrasie n'épouse pas l'un ou l'autre, je suis ruinée, dévastée, je suis en déconfiture!

GIMBLETTE.

Pas encore!... ne suis-je pas là, moi?.. Et si je vous comblais de richesses?... si je faisais couler à vos pieds les lingots du Potose?..

MADAME JOLIVAR.

Vous?

GIMBLETTE.

Oui! moi!... Que me donneriez-vous?

MADAME JOLIVAR.

Si c'était vrai!... tout ce que je possède pour un pareil service!

GIMBLETTE.

Tout!... même la main d'Euphrasie?

MADAME JOLIVAR.

Dam! si elle y consentait!

GIMBLETTE.

Touchez là... vous avez dix mille livres de rente!

MADAME JOLIVAR.

Où les prendrai-je?

GIMBLETTE.

Dans le cœur humain!

MADAME JOLIVAR.

Où prenez-vous le cœur humain?

GIMBLETTE.

Vous ne comprenez pas, femme intelligente... Mais le cœur humain est une mine intarissable où il ne s'agit que de piocher pour en extraire un nombre fantastique de billets de banque!... Exemple: Vous trônez dans votre comptoir en simple bourgeoise... solitude complète!... Revêtez un costume excentrique et la foule se ruera sous vos lambris!... Nous avons à Paris le café des Mauresques, fondons ici le café des Américaines ou des Marocaines! je vous enseignerai le marocain.

MADAME JOLIVAR.

Ah! mon Dieu! vous avez un bagou qui me rendra folle... Est-ce bien difficile, le marocain?

GIMBLETTE.

Cette langue ne diffère du français que parce qu'elle est étrangère... du reste, c'est le même idiome, avec des cuirs et des terminaisons en *oc*... Un consommateur demande une demi-tasse; vous dites au garçon: *Servoc demi-tassoc*.... ou vient payer au comptoir: vous dites *Cinquantoc centimoc!*

MADAME JOLIVAR.

Ça me sembloc assez faciloc.

GIMBLETTE.

Vous possédez la langue, mais il vous faut le costume!... j'en ai plusieurs dans mes paquets!.. nous séduirons les badauds par les exercices les plus mirobolants!... chansonnettes à l'instar du Palais-Royal... pantomime dialoguée, dans le genre du Cirque Olympique... Ça ne sera pas neuf... mais, quand on veut du nouveau, il faut me prévenir huit jours d'avance... Savez-vous chanter et danser?

MADAME JOLIVAR.

Je bats assez joliment la caisse.

GIMBLETTE.

Nous utiliserons vos talents.

MADAME JOLIVAR.

Mais, j'ai ma nièce qui danse comme un chevreau.

GIMBLETTE.

Prêtez-la-moi!... en deux leçons j'en ferai une Carlotta.

MADAME JOLIVAR.

Elle fera peut-être des difficultés, vu qu'elle pleure son cousin Tiburce!

GIMBLETTE.

Je me charge de la décider!.. (*Lui donnant un paquet.*) Portez-lui toujours ces costumes, dont l'éclat doit chatouiller sa coquetterie.

MADAME JOLIVAR.

L'idée est bonne!

GIMBLETTE.

Allez vite, femme née pour les arts!

MADAME JOLIVAR.

Il me fait faire tout ce qu'il veut! (*Elle sort à gauche*).

SCÈNE IX.

GIMBLETTE, *seul.*

Ça marche!... ça se déroule!... Quant aux deux cousins, Tarbochet et Farouchot, je les attends aussi!... Ah! mes gaillards!... c'est vous qui avez causé mes afflictions!... vous méprisiez le bateleur!... vous avez écrit que si je me présentais jamais dans la famille, vous me recevriez à coups de pieds... je ne veux pas dire où!... nous verrons qui est-ce qui en recevra!... vous ne connaissez pas ma figure; ce n'est pas à la vôtre que je m'adresserai!... Mais je vais voir Euphrasie; profitons de ma mort pour savoir si la vie doit m'être chère... cette épreuve est vieille comme le monde; mais le monde est plus vieux que le déluge, et pourtant le déluge était bien pluvieux!

SCÈNE X.

GIMBLETTE, EUPHRASIE[1].

EUPHRASIE, *entrant par la gauche. A la cantonade.*

Allez, ma tante, c'est bien pour vous obéir!

[1] F, G.

GIMBLETTE.

La voici! dérobons ma silhouette... (*Il s'accroche une fausse barbe.*

EUPHRASIE.

Voyons, Monsieur, qu'est-ce que vous me voulez!.. ma tante m'a parlé d'une leçon de danse. Mais je vous déclare que je ne veux pas danser et que je danserai pas!

GIMBLETTE.

Vous danserez, je vous en réponds!

EUPHRASIE.

Puisque je vous dis que je ne veux pas!

GIMBLETTE.

Il le faut! votre fortune en dépend! et quand vous serez riche, vous serez ma femme.

EUPHRASIE.

Votre femme!... à vous!... ah! elle est bonne, celle-là!... On ne vous a donc pas dit combien je regrettais mon cousin Tiburce?.

GIMBLETTE.

Vous ne le regretterez pas longtemps!

EUPHRASIE.

Toujours!... je ne peux aimer que lui!

GIMBLETTE.

Vous m'aimerez tout autant.

EUPHRASIE.

Oh! cette prétention!.... vous êtes donc bien joli?

GIMBLETTE, *ôtant sa moustache.*

Regardez!

EUPHRASIE, *poussant un cri.*

Ah!...

GIMBLETTE.

Chut!... c'est moi!... pas de bruit!

EUPHRASIE.

Air : *Tu ris, ma déesse.* (Habeas Corpus.)

Quel est ce mystère?
C'est vous que je voi!...
Vous existez?...

GIMBLETTE.

Je t'en donne ma foi!
Mais, il faut nous taire,
On pourrait venir!
C'est un secret!... n'allons pas le trahir!

EUPHRASIE.

Oh! combien ma joie est extrême!
Je ne saurais le déguiser!
Quoi! c'est vous?...

GIMBLETTE.

C'est l'amant qui t'aime!
Et qui revient pour t'épouser!

EUPHRASIE.

Je crains encor de m'abuser!

GIMBLETTE.

Tu peux en croire ce baiser!

(*Il l'embrasse.*)

ENSEMBLE.

Ah! ah! ah!... Je te le disais,
Oui, c'est bien celui que tu regrettais!
Ah! ah! ah! vive le plaisir!
Il ne faut songer qu'à nous réjouir!

EUPHRASIE.

Ah! ah! ah! folle que j'étais!
Oui, c'est bien celui que je regrettais!
Ah! ah! ah! vive le plaisir!
Il ne faut songer qu'à nous réjouir!

EUPHRASIE.

Mais quel est donc votre projet?

GIMBLETTE.

Je n'ai pas le temps de te le développer, mais ne dis rien et va t'habiller!... Tes cousins vont venir, je les mystifierai, cela vous amusera. Je t'épouserai, ça les vexera... je crois les entendre... embrasse-moi encore et sauve-toi!

EUPHRASIE.

Je me sauve! (*Elle sort à gauche*).

SCÈNE XI.

GIMBLETTE, FAROUCHOT, TARBOCHET. *

GIMBLETTE.

Aux cousins, maintenant!

TARBOCHET.

Monsieur, j'ai bien l'honneur...

FAROUCHOT.

Monsieur, je vous présente mes civilités...

GIMBLETTE, *saluant.*

Messieurs...

TARBOCHET.

Si j'en crois les apparences, vous êtes sans doute...

FAROUCHOT.

Le nommé Gimblette...

GIMBLETTE.

Moi-même, Messieurs, en personne naturelle.

TARBOCHET.

L'ami de notre excellent cousin Croquignole?..

FAROUCHOT.

Que nous regrettons beaucoup de n'avoir pas connu de son vivant.

GIMBLETTE.

Ainsi, Messieurs, vous êtes?..,

TARBOCHET.

Tarbochet, secrétaire de la mairie.

FAROUCHOT.

Et moi, Farouchot, receveur des impositions.

GIMBLETTE.

Enchanté de faire votre connaissance... je vais vous initier au testament de mon ami...

TARBOCHET.

Nous écoutons avec plaisir.

* F, G, T.

GIMBLETTE, *lisant.*

« De la foire de Beaucaire, ce 5 mars de la pré- « sente année..... Ayant réfléchi, au moment de « quitter la terre, que l'oubli des injures est le « plus bel attribut qu'un paillasse ait reçu de la « Divinité, je donne et lègue à mes deux cousins, « Tarbochet et Farouchot, mes biens meubles et « immeubles, consistant en quarante billets de « mille francs, que l'on trouvera dans un vieux « bas, qui me sert de portefeuille... »

FAROUCHOT.

Ce vieux bas me chausse très bien !

GIMBLETTE, *tirant un bas.*

Le voici, Messieurs.

TARBOCHET.

C'est une relique !

GIMBLETTE.

Il vous est permis de la baiser.

FAROUCHOT.

Continuez.

GIMBLETTE, *lisant.*

« Ces billets leur seront remis par mon cher « camarade Gimblette, qui est un autre moi- « même. »

FAROUCHOT.

Souffrez que je vous la serre.... (*Il lui serre la main.*

TARBOCHET.

La même faveur. (*Même jeu.*)

GIMBLETTE, *lisant.*

« Cependant, je mets une légère condition à la « remise de ce legs... »

TARBOCHET.

Une condition ?

FAROUCHOT.

Elle est acceptée d'avance !

GIMBLETTE, *lisant.*

« Considérant que mes cousins se sont con- « conduits, à mon égard, comme deux canail- « les... »

TARBOCHET.

Vous dites?

GIMBLETTE.

Canailles !... c'est écrit !... (*Lisant.*) « Qu'ils « ont méprisé ma profession, j'exige d'eux ce qui « suit : »

TARBOCHET.

C'est fort curieux !

GIMBLETTE, *lisant.*

« Mon cousin Tarbochet ira, à pied, et en plein « jour, recevoir ses vingt billets de mille francs, « dans le café dit de Momus. »

TARBOCHET.

Adopté !

GIMBLETTE, *continuant.*

« Revêtu d'un costume de paillasse, avec la « barbe et le bonnet pointu, que je lui envoie à « cet effet..... » Voici votre paquet..... (*Il le lui donne.*)

TARBOCHET.

Moi ! en paillasse !

GIMBLETTE, *lisant.*

« Item : Mon cousin Farouchot ira au même en- « droit recevoir son legs, costumé en Jeanot, avec « la perruque et la queue rouge.... » Voilà votre paquet ! (*Il le lui donne.*)

FAROUCHOT.

En Jeanot ! Si c'était en carnaval encore !

GIMBLETTE, *lisant.*

« Si l'un des deux refuse d'accomplir cette « clause, sa part reviendra de droit à l'autre cou- « sin. »

TARBOCHET.

Voyez-vous ça !

GIMBLETTE, *lisant.*

« S'ils refusent tous les deux, les billets reste- « ront dans les mains de Gimblette, qui fondera, « à mon intention, un conservatoire de paillasse, « institution dont la société éprouve le besoin... »

TARBOCHET.

C'est absurde !

FAROUCHOT.

C'est ignoble !

TARBOCHET.

Un secrétaire en paillasse !

FAROUCHOT.

Un receveur en Jeanot !

TARBOCHET.

Jamais ! (*Il rend le paquet.*)

FAROUCHOT, *même jeu.*

C'est un legs qui coûterait trop cher !

GIMBLETTE.

Ça n'est point mon affaire !...... Reprenez toujours ces paquets, que ma probité d'exécuteur testamentaire m'oblige à laisser entre vos mains !

TARBOCHET, *le reprenant.*

Je le prends, mais pour le jeter au coin de la borne.

FAROUCHOT, *même jeu.*

Je ferai cadeau du mien à un fripier.

GIMBLETTE.

Ainsi, vous refusez !

FAROUCHOT.

Complètement.

GIMBLETTE.

Tous les deux ?

FAROUCHOT.

Est-ce que vous accepteriez, Tarbochet ?

TARBOCHET.

Si j'accepte, je vous autorise à m'appeler... polisson !

FAROUCHOT.

Si je fais la moindre concession, traitez-moi de goujat.

TARBOCHET.

Adieu, monsieur le paillasse !

FAROUCHOT.

Je ne vous salue pas !

GIMBLETTE.

Je serai encore ici dans une heure !

TARBOCHET.

Peu nous importe !

FAROUCHOT.

Sortons, cousin !

ENSEMBLE.

Air : *de la Tentation.*

TARBOCHET ET FAROUCHOT.

De nous ce paillasse se moque !
Cousin, il faut nous en aller !
Endosser ici sa défroque,
Ah ! ce serait nous ravaler !

GIMBLETTE.

De vous, je vois bien qu'il se moque ;
Croyez-moi, pourtant, il faut aller,
Vite, endosser cette défroque ;
Ce bouillon, il faut l'avaler !
Ce bouillon, il faut l'avaler !

(Tarbochet et Farouchot sortent par le fond.)

SCENE XII.

GIMBLETTE, FRANÇOIS, MADAME JOLIVAR. *

GIMBLETTE.

Aurais-je échoué ?.. ce serait humiliant !.. mais, non !.. Je fonde encore quelque espoir sur la voracité de ces vautours !.. En tout cas, passons à d'autres exercices.

MADAME JOLIVAR, *à la porte de gauche, en mauresque mais avec un châle sur les épaules.*

Dites donc, je suis prête, moi !

GIMBLETTE, *prenant un tambour qui est dans son bagage.*

Très bien !.. Endossez cette peau d'âne, et battez le rappel !.. moi, je vais sonner de la trompette. *(Madame Jolivar s'approche de la porte du fond et bat la caisse, puis fait un demi-tour du côté du public et rentre à gauche, dépose sa caisse et son châle. Gimblette sonne de la trompette.)*

FRANÇOIS, *sortant du laboratoire.*

Ah ! quel diable de vacarme !

SCÈNE XIII.

GIMBLETTE, FRANÇOIS, HABITANTS ET HABITANTES. *Gimblette sur le devant de la scène, François et les habitants. — Deuxième plan, à droite et à gauche.*

* Mad. J, G, F.

CHŒUR.

Air : *des Noceurs*, (A de Beauplan).

Allons, accourons,
Le tambour ici nous appelle !
Vidons l'escarcelle,
Car, si nous payons, nous rirons !

GIMBLETTE.

Habitants et habitantes ! un grand évènement se prépare ! La troupe du célèbre Croquignole, premier équilibriste de l'Europe et du Zolwerein, vient d'entrer dans vos murs !.. elle se propose, avec la permission de M. le maire, de vous donner quelques représentations, avant son départ pour la Russie. Le prix des places sera gratis pour les consommateurs... Un grog aura droit à une chansonnette ; une bouteille de bière à une polka, un bol de punch à une pantomime brûlante et dialoguée... demandez !.. faites-vous servir !

LE PUBLIC, *s'asseyant à droite et à gauche.*

Bravo ! bravo !.. — Garçon ! un petit verre !.. — Garçon ! de la bière ! — Garçon ! du punch !.. — Garçon ! du café !..

FRANÇOIS.

Ah ! mon Dieu ! c'est la première fois que ça nous arrive !..

TOUS.

Garçon ! garçon !

FRANÇOIS, *servant de tous côtés.*

Voilà ! voilà !

GIMBLETTE.

Messieurs et mesdames, vous n'êtes pas sans avoir entendu parlé des tableaux vivants... ces tableaux que tout Paris a lorgnés sur les plus grands théâtres... ces nudités que les tailleurs et les couturières ont trouvées d'un mauvais exemple... et dont la province s'est scandalisée pour la forme !.. ces nudités, je ne vous les ferai pas voir, mais, je vous les montrerai comme si vous les voyiez !.. l'épouse en permettra le spectacle à son cousin !

LES TABLEAUX VIVANTS.

Chansonnette.

Air :

Hâtez-vous !
Pressez-vous !
Placez-vous !
Voici les pos's plastiques,
Antiqu's, académiques ;
C'est l'moment, c'est l'instant !
Ils sont, vraiment,
Tournants,
Apparaissants,
Disparaissants,
Subitement,
Vlan !
Vous voyez la musique.

Turlu tu tu tu tu tu tu,
Tournant avec ses attributs,
L'triomph' de la plastique,
C'est vous nommer, sans en dir' plus,
La pléiade des Vénus.
Voyez comme elle est belle,
La Vénus qui nous vient d'Lemnos,
Celle de Praxitèle
Dit' Vénus de Paphos.

Suivez, suivez!... La Vénus de Milo !... la Vénus de Chypre et la Vénus de Cythère... quant aux autres Vénus, on ne sait pas trop ce qu'elle sont *dévénues*... Tournez la mécanique, et laissons les Vénus pour arriver à Judith, et *allons ferme!*... ce guerrier si redouté devint tellement amoureux, selon l'histoire, de la belle Juive, qu'il finit par en perdre la tête! Amphitrite, la déesse de la mer, caressant le féroce Cerbère, ce fidèle chien des enfers suivait partout Neptune, parce que Neptune était le Dieu des *os*. Le fameux triomphe de Bacchus.

Vive le vin,
Vive ce jus divin!
Semble dir', tout en train
Ce Dieu de la folie!

L'auteur de ce tableau a si bien représenté le Dieu Bacchus *pris de vin*, qu'il en a été lui-même le premier *pris de Rome*. Cérès, la déesse des moissons, nous ordonnant de ne plus fumer l'opium pour fumer l'éther. Tournez la mécanique, et voyons l'enfant jouant avec un homard... L'auteur de ce marbre allégorique a voulu prouver que le homard est plus naïf que la timide enfance; à tout âge, ennemi du mensonge, le homard rougit quand il n'est pas cru.

Hâtez-vous!
Pressez-vous! etc.

DEUXIÈME COUPLET.

Voici les Corybantes,
Tin tin tin tin tin tin,
Dansant au son du tambourin.
Les joyeuses Bacchantes
A flots faisant couler le vin,
S'échappant du raisin.
La reine Cléopatre
A l'œil perçant du basilic,
Donnant sa *clé au pâtre*,
Qui lui glisse un aspic!

Quelle est, dans cette sombre forêt, cette femme se dérobant, elle et son enfant, aux regards des passants: Hélas! c'est Geneviève de Brabant.

Air: *Complainte du Juif errant.*

Et comme un serpent boa
Ell' se gliss' dans le *bo-ois.*

Pauvre femme! son injuste mari la condamne par son mépris à ne vivre qu'avec des *Daims*... L'émir africain fuyant dans le désert. Vous voyez autour de lui Bou-chicala, le Cheik des Béni-Mensser; Ben-Salem, le cheik des Garabas; Ben-Aïssa, le cheik des Ftitas, et en général, tous les cheiks formant la plus grande partie *des cheiks*. « Ah!... leur dit cet émir, ma « troupe n'ayant plus ni blé, ni orge, ni riz... tous « les jours mon armée *amoindrit*! » Tel est le cri de cet infortuné, réduit à se nourrir de couscoussous. Le couscoussou d'Afrique est un petit *pois rond* qu'on fait cuire dans un *poêlon*. Appelez toute votre attention pour la porter sur ce superbe et intéressant dernier tableau. C'est la mort de l'infortuné Cléandre. L'empereur *Commode console* son *secrétaire* qui est au *lit*, pour excès de *table*, en lui disant: *guéris donc*, c'est *nécessaire*.

Hâtez-vous, etc.

Maintenant, votre surprise va s'accroître par la présence imprévue des dames mauresques, arrivant en droite ligne de l'empire du Maroc, par le chemin de fer du Nord... Paraissez, Marocaines, et saluez la compagnie dans votre langue originale.

SCÈNE XIV.

LES MÊMES, MADAME JOLIVAR*, *en Mauresque.*

MADAME JOLIVAR.

Salutoc, la compagnitoc!

GIMBLETTE.

Sultane favorite du roi de Fez, voulez-vous chanter un air de votre pays?

MADAME JOLIVAR, *faisant une roulade terminée par un couac.*

Ah!.... Non pouvoc chantoc.... je suis enrhumoc!

(Elle va se placer au comptoir.)

GIMBLETTE.

Elle dit qu'elle a attrappé un coup d'air... dans un wagon découvert... En ce cas, la jeune Mogadorina va paraître... Nous exécuterons ensemble la danse du bamboula, importée de la Guadeloupe, avec accompagnement de nègre et de tambour sardinois. *(Il jette son paletot, et paraît vêtu d'une manière originale.)* Paraissez, intéressante Mogadorina!

SCÈNE XV.

LES MÊMES, EUPHRASIE, *en Mauresque.*

LE PUBLIC.

Bravo! bravo!

(Danse du Bamboula.)

Gimblette et Euphrasie sortent à la manière des danseurs de l'Opéra.

LE PUBLIC, *applaudissant.*

Bravo! bravo!

MADAME JOLIVAR.

Je feroc ma fortunoc!

* Mad. J, G.

SCENE XVI.

Les mêmes, TARBOCHET *, *vêtu en paillasse.*

TARBOCHET, *entrant par le laboratoire.*

Je suis entré par le laboratoire, pour éviter... (*Apercevant tout le monde.*) Oh! que du monde!

FRANÇOIS.

Tiens! d'où sort-il c't'autre farceur?

TARBOCHET, *à part.*

Pourvu qu'on ne me reconnaisse pas!.. (*Haut et déguisant sa voix.*) Où est donc le sieur Gimblette?

MADAME JOLIVAR.

Il vatoc veniroc.

TARBOCHET, *à part.*

Tiens! la Jolivar en Ottomane et qui parle charabia!

SCENE XVII.

Les Mêmes, FAROUCHOT, *en Jeanot, avec une perruque rousse, une queue rouge et un faux nez* **.

FAROUCHOT, *entrant aussi par le laboratoire.*

Ah! diable! quelle foule!

FRANÇOIS, *l'apercevant.*

Encore un qui sort du laboratoire!

FAROUCHOT, *à part.*

Comme j'ai eu bon nez d'en mettre un faux!

TARBOCHET, *l'apercevant.*

Un Jeanot! c'est Farouchot!

FAROUCHOT, *de même.*

Un paillasse! c'est Tarbochet!

TARBOCHET.

Ah! le fourbe!

FAROUCHOT.

Ah! le jésuite!

FRANÇOIS.

Voyons! puisque vous v'là deux, faites rire la société, funambules!

LE PUBLIC.

Oui! oui!

TARBOCHET, *à Farouchot, bas.*

Vous voilà donc, vous?

FAROUCHET, *id.*

Mais, oui, et vous?

TARBOCHET.

Vous aviez juré de ne pas venir.

FAROUCHET.

Mais, oui, et vous?

TARBOCHET.

Alors vous êtes un insigne menteur!

FAROUCHET.

Mais, oui, et vous?

* Mad, J, T, F.
** Mad. J, T, Far, Fr.

TARBOCHET.

Tu voulais avoir l'héritage à toi seul!

FAROUCHOT.

Tu espérais agripper ma part!

LE PUBLIC.

Plus haut! plus haut!

TARBOCHET, *haut.*

Tu m'as permis de te traiter de goujat!

FAROUCHOT, *idem.*

Tu m'as autorisé à t'appeler polisson!

TARBOCHET.

Tu es un goujat!

FAROUCHOT.

Tu es un polisson!

TARBOCHET, *levant la main.*

Tu mériterais!..

FAROUCHOT.

Des calottes!.. j'en ai à ton service!.. (*Il le frappe. Ils se colletent*).

SCÈNE XVIII.

Les mêmes, GIMBLETTE, *en clown.*

GIMBLETTE.

Ah! mes drôles!.. vous vous battez sans ma permission! (*Il leur donne à chacun un coup de pied au derrière.*)

LE PUBLIC.

Bravo! bravo!

TARBOCHET, *à part.*

Un coup de pied dans le fond d'un secrétaire!

FAROUCHOT, *à part.*

Insulter le médium d'un receveur!

GIMBLETTE.

Ah! ah!... ceci vous ferme la bouche!.. à la bonne heure!.. mesdames et messieurs, l'ouvrage que nous allons représenter, a pour titre: La succession de Croquignole, pantomime mêlée de cris, de taloches et de sauts périlleux!.. Renouvelez la consommation!.. (*On demande de nouveau, François sert.*)

TARBOCHET, *bas à Gimblette.*

Avant tout, donnez-moi mon legs?

GIMBLETTE.

Un instant!

FAROUCHOT.

Passez-moi mes billets de mille!

GIMBLETTE.

Une minute!

TARBOCHET.

Nous avons rempli les conditions!

GIMBLETTE.

Pas encore! (*Haut.*) Attention!.. mon cher paillasse, est-il vrai que vous venez d'hériter d'un parent d'Amérique? (*Bas.*) Répondez!

TARBOCHET, *déguisant sa voix.*

Oui! oui! oui!

FAROUCHOT, *à part.*

Il déguise sa voix!

GIMBLETTE.

Je vous félicite... mais, la fortune change les mœurs !.. montrez qu'elle ne vous a pas rendu plus fier en exécutant une culbute devant l'honorable société.

TARBOCHET.

Une culbute !

GIMBLETTE.

Allez la musique ! (*Il développe un tapis qu'il pose au milieu du théâtre, puis, il s'en va au fond et s'élance comme pour faire un saut périlleux et s'arrête tout-à-coup pour arranger le tapis, il répète ce jeu trois fois de droite à gauche et au milieu, puis il dit bas à Tarbochet.*) Vite la culbute, ou je vous démasque !

TARBOCHET, *à part.*

Ah ! le gredin !... sans les vingt mille francs ! (*Il fait la culbute.*)

GIMBLETTE.

Pas mal ! pas mal !.. à vous, maître Jeanot !

FAROUCHOT.

A moi ?

GIMBLETTE.

Vous partagez les richesses du sieur Paillasse, vous devez en partager les charges. Rédigez-nous un petit saut de carpe.

FAROUCHOT.

Je n'ai jamais vu sauter de carpes, que dans la poêle.

GIMBLETTE.

J'admets cette excuse... alors faites le tour de la chaise. (*Il place une chaise sur le tapis, Farouchot en fait le tour.*) Ce n'est pas ça ! Placez cette chaise en équilibre sur le bout de votre nez !... *Farouchot, prend la chaise que Gimblette lui donne, essaie de la placer sur son nez, la chaise tombe, et François qui est derrière lui la reçoit au vol.*)

GIMBLETTE.

Vous êtes gentils ! vous êtes de petits anges ! maintenant, recevez de ma main, cette opulence que vous avez si bien méritée par vos nobles travaux. *Il leur donne à chacun un paquet de billets qu'il tire du vieux bas.*)

TARBOCHET.

Enfin !

FAROUCHOT.

J'en suis quitte !

TARBOCHET, *lisant les billets.*

« Mille francs, à celui qui découvrira le secret de mes serrures. Fichet !

FAROUCHOT , *de même.*

« Mille francs, à celui qui fera pousser les cheveux, mieux que l'eau du docteur Lob !

TARBOCHET, *à Gimblette, bas.*

Dites donc, est-ce encore un tour?.. ce ne sont pas des billets de banque ?... (*Il les lui montre.*

GIMBLETTE, *bas.*

Oh ! je me suis trompé !... c'est Farouchot qui a les bons !

FAROUCHOT , *à Gimblette, bas.*

Plaisantez-vous ? ce sont des billets pour faire pousser les cheveux !

GIMBLETTE, *bas.*

C'est une erreur ! J'ai donné les autres à Tarbochet : Reclamez-les-lui !

FAROUCHOT, *à Tarbochet.*

Eh ! vous !.. pas de bruit, et partageons !

TARBOCHET.

Comment ! C'est à vous de me donner ma part.

FAROUCHOT.

Tu es un vieux filou.

TARBOCHET.

Ah ! c'est trop de patience !

FAROUCHOT.

Il faut en finir !

(*Ils s'empoignent, l'un par la barbe , l'autre par le nez.*)

GIMBLETTE , *s'interposant.*

Arrêtez, furibonds !

(*Il les écarte. La barbe de Paillasse reste dans la main de Jeanot, et le faux nez de Jeanot dans la main de Paillasse. Tout le monde se lève et les entoure*.*)

CHOEUR.

Air : *De L'étourneau.*

Quoi ! c'était M. le secrétaire
Et M. le receveur !
Chacun d'eux vient ici, faire
Le compère d'un farceur !

TARBOCHET et FAROUCHOT.

Quelle catastrophe !

GIMBLETTE.

Ah ! mes chers cousins !..

TARBOCHET et FAROUCHOT.

Cousins !

GIMBLETTE.

Oui, cousins ! Gimblette se métamorphose en Croquignole ! Croquignole ressuscite ! Vous méprisiez le bateleur, vous vilipendiez sa profession, et vous l'avez exercée pour l'appât d'un vil métal !... Que la moralité de ce fabliau profite à tous les sexes ! Quant à vous, tante Jolivar, j'achète votre café, j'épouse votre nièce, nous avons beaucoup d'enfants, et je vous donne une part dans les bénéfices !

EUPHRASIE.

Vous y consentez, n'est-ce pas, ma bonne petite tante ?

* T, G, Mad. J, Far. Fr.

MADAME JOLIVAR.

J'accordoc la manoc de ma nièçoc!

GIMBLETTE.

Si elle continue à parler comme ça, je l'enverrai dans le Languedoc!

CHŒUR FINAL.

Air : *De la royale Polka.*

La farce est terminée,
Et nos vœux sont remplis!
Enfin, notre cause est gagnée,
Plus de soucis!
Puissions-nous voir beaucoup d'écus
Pleuvoir au café de Momus!

GIMBLETTE, *au public.*

Air : *Restez, restez troupes jol...*

Les paillass's font des ripopées,
Ils aval'nt, tant ils sont gourmands,
Caillous, sabres, poignards, épées,
Des rats, des souris, des serpents,
Ils aval'raient mêm' leurs parents!
Pour accomplir de pareils œuvres,
On n'les voit jamais reculer!
Mais, il est certaines couleuvres
Qu'ils ne peuvent pas avaler!
Ai-j' besoin d'vous dir' les couleuvres
Que nous n'pouvons pas avaler.

CHŒUR, *reprise.*

La farce est terminée, etc.

FIN.

IMPRIMERIE DE GIROUX ET VIALAT, A LAGNY.

EN VENTE CHEZ LE MÊME ÉDITEUR.

- Vicomte de Letorières. 60
- Les Fées de Paris. 50
- La jeunesse de Charles-Quint. 60
- Monstre de femme. 40
- Pour mon fils. 50
- Lucienne. 50
- Les jolies Filles de Stilberg. 40
- L'Enfant de chœur. 50
- Le Grand-Palatin. 60
- La Tante mal gardée. 40
- Les Circonstances. 40
- La Chasse aux vautours. 40
- Les Batignollaises. 40
- Une Femme sous les scellés. 30
- Les Aides-de-camp. 50
- Le Mari à l'essai. 40
- Chez un Garçon. 40
- Jaket's-Club. 40
- Mérovée. 50
- Les deux Couronnes. 60
- Au Croissant d'argent. 50
- Le Château de la Roche-Noire 40
- Mon illustre Ami. 40
- Le premier Chapitre. 50
- Talma en congé. 40
- L'Omelette fantastique. 50
- La Dragonne. 50
- La Sœur de la Reine. 60
- La Vendetta. 50
- Le Poète. 50
- Les Informations conjugales. 50
- Une Maîtresse anonyme. 50
- Le Loup dans la bergerie. 50
- L'Hôtel de Rambouillet. 60
- Les Deux Impératrices. 60
- La Caisse d'Epargne. 60
- Thomas le Rageur. 50
- Derrière l'Alcove. 30
- La Villa Duflot. 50
- Péroline. 50
- Une Femme à la Mode. 40
- Les Egarements d'une Canne et d'un parapluie. 40
- Les Deux Anes. 50
- Foliquet, coiffeur des dames. 50
- L'Anneau d'Argent. 40
- Recette contre l'Embonpoint. 50
- Don Pasquale. 40
- Mademoiselle Déjazet au sérail. 40
- Touboulic le Cruel. 40
- Hermance. 60
- Canuts. 50
- Entre Ciel et Terre. 40
- La Fille de Figaro. 60
- Métier et Quenouille. 50
- Angélique et Médor. 50
- Loïsa. 60
- Jocrisse en Famille. 40
- L'autre Part du Diable. 40
- La chasse aux Belles Filles. 60
- La Salle d'Armes. 40
- Une Femme compromise. 60
- Patineau. 50
- Madame Roland. 60
- L'esclave du Camoëns. 50
- Les Réparations. 50
- Le mariage du gamin de Paris. 50
- La Veille du Mariage. 40
- Paris bloqué. 60
- Ménage Parisien. 1 »
- La Bonbonnière. 50
- Adrien. 50
- Pierre le millionnaire. 60
- Carlo et Carlin. 60
- Le Moyen le plus sûr. 50
- Le Papillon Jaune et Bleu. 50
- La Polka en province. 50
- Une Séparation. 40
- Le roi Dagobert. 60
- Frère Galfâtre. 60
- Nicaise à Paris. 40
- Le Troubadour-Omnibus. 50
- Un Mystère. 60
- Le Billet de faire part 60
- Fiorina. 60
- Pulcinella. 60
- La Sainte-Cécile. 60
- Follette. 50
- Deux Filles à marier. 50
- Monseigneur. 60
- A la Belle Étoile. 30
- Un Ange tutélaire. 50
- Wallace. 60
- Un jour de Liberté. 60
- Paris à tous les Diables. 60
- Une Averse. 30
- Madame de Gérigny. 60
- Le Fiacre et le Parapluie. 40
- La Morale en action. 50
- L'Habeas Corpus. 50
- Le Prince Toutou. 40
- Mimi Pinson. 50
- L'Article 170. 60
- Les Deux Pierrots. 50
- Les Viveurs. 60
- Le Seigneur des Broussailles. 50
- L'Amour dans tous les quartiers. 60
- Porthos. 50
- La Pêche aux Beaux-Pères. 60
- Un premier souper de Louis XV 50
- L'Homme et la Mode. 60
- L'Almanach des 25,000 adresses 60
- Les Murs ont des oreilles. 60
- La Charbonnière. 60
- Le Code des Femmes. 50
- On demande des Professeurs. 50
- Le Pot aux Roses. 50
- La grande et les petites Bourses. 50
- L'Enfant de la Maison. 50
- Riche d'Amour. 60
- La Comtesse de Morange. 60
- La Gloire et le Pot-au-Feu. 50
- Les Pommes de terre malades. 60
- Le Marchand de Marrons. 60
- L'Eau et le Feu. 50
- Beaugaillard. 50
- Mardi gras. 40
- Le retour du Conscrit. 40
- Le Mari perdu. 60
- Les Dieux de l'Olympe. 60
- Le Carillon de Saint-Mandé. 50
- Geneviève. 60
- Mademoiselle ma femme. 50
- Mort civilement. 50
- Mal du pays. 50
- La Veuve de quinze ans. 50
- La Garde-Malade. 50
- Le Fruit défendu. 40
- Clarisse Harlowe (Parodie). 60
- Place Ventadour. 60
- Nicolas Poulet. 50
- Roch et Luc. 50
- La Protégée sans le savoir. 60
- Une Fille Terrible. 50
- La Planète à Paris. 50
- L'Homme qui se cherche. 50
- Ne touchez pas à la Reine. 1 »
- Maître Jean ou la Comédie à la Cour. 60
- Une année à Paris. 60
- Irène ou le Magnétisme. 60
- Amour et Biberon. 50
- En Carnaval. 50
- Bal et Bastringue. 50
- Un Bouillon d'onze heures. 40
- La Cour de Biberack. 50
- D'Aranda. 60
- Partie à trois. 50
- Une femme qui se jette par la fenêtre. 60
- L'Avocat pédicure. 50

En vente, chez le même Editeur :

ŒUVRES COMPLÈTES DE M. EUGÈNE SCRIBE,

5 vol. grand in-8 à colonnes, édition Furne,

avec 180 jolies vignettes en taille-douce, de MM. Alfred et Tony Johannot Gavarni, etc. — Prix : 60 fr. net : 30 fr.

IMPRIMERIE HYDRAULIQUE DE GIROUX ET VIALAT, A LAGNY.

www.ingramcontent.com/pod-product-compliance
Lightning Source LLC
LaVergne TN
LVHW020505230826
846091LV00008BA/3343

* 9 7 8 2 0 1 3 6 9 5 2 8 2 *